AF253803

LES PARTIS

AUX

ÉLECTIONS GÉNÉRALES

PAR

ÉDOUARD BOINVILLIERS

PARIS

DUBUISSON ET Cie, IMPRIMEUR BREVETÉ

5 — RUE COQ-HÉRON — 5

1880

LES PARTIS

AUX

ÉLECTIONS GÉNÉRALES

PAR

ÉDOUARD BOINVILLIERS

PARIS

DUBUISSON ET Cie, IMPRIMEUR BREVETE

5 — RUE COQ-HÉRON — 5

1880

LES PARTIS

AUX

ÉLECTIONS GÉNÉRALES

La lettre du prince Napoléon a brisé l'union conservatrice; il n'était que temps.

Depuis dix ans, en effet, les conservateurs n'ont pas su ou voulu engager la bataille dans les seules conditions où ils pouvaient obtenir le succès; s'abritant derrière une maxime mal comprise : « *l'union fait la force*, » ils se sont imaginé qu'en voilant leurs drapeaux, ni leurs amis ni leurs ennemis ne les verraient, et qu'ainsi ils paraîtraient dans la lice électorale comme une majestueuse et redoutable unité : on sait ce qu'il en est advenu; le lendemain de la lutte, et même en cas de succès, les conservateurs n'obtenaient que des places et non pas la victoire; ils voulaient renverser un régime et ils le consolidaient en lui prêtant l'appui de leurs talents et de leur honorabilité. Dieu nous a été clément en nous refusant la victoire au 16 mai : avec elle nous en avions encore pour dix ans de République, car les conservateurs n'eussent pas manqué de monter de nouveau sur ce char qui roule malgré eux sur une pente funeste, mais qu'ils ne brûlent de faire verser que lorsqu'ils ne sont pas dessus.

En vérité, on ne se bat pas masqué contre un adversaire sans masque, et quand on veut venir à bout d'un gouvernement qui gère mal la fortune du pays, il faut se battre, non pas unis contre lui, mais un contre un ; ce gouvernement sera éternel tant qu'il aura affaire à trois adversaires rivaux. Voilà pourquoi, dans la prochaine mêlée électorale, il importe que chaque parti ayant son drapeau distinct, le peuple puisse indiquer ses préférences et désigner celui d'entre eux auquel il veut confier le grand honneur du dernier combat. Voilà pourquoi le prince Napoléon, en cassant l'union conservatrice, a fait œuvre de conservateur sagace.

Puisque tous les partis vont se trouver dans l'obligation d'arborer leur drapeau sur le terrain électoral, il importe de savoir à l'avance la politique que suivrait chacun d'eux s'il était au pouvoir, il faut connaître leur profession de foi à tous, non pas ce programme complaisant qui met en lumière la thèse à la mode et masque habilement les points qui irritent momentanément l'opinion publique, mais ce programme fatal, dont il n'est permis à aucun parti de s'écarter, sous peine de suicide. Quelles que soient les promesses des princes, des prétendants, des aspirants au fauteuil présidentiel, chacun d'eux suivra une politique déterminée dont les grandes lignes sont tracées à l'avance par l'histoire, par la pression de leurs partisans et par les nécessités, cent fois avouées, de leur politique. L'électeur pourra ainsi choisir en connaissance de cause.

*
* *

Il ne se présentera sur le champ de bataille électoral que trois concurrents : les légitimistes, les bonapartistes et les républicains : les orléanistes, par suite de la fusion, ont perdu leur état civil et grossiront, au gré de leurs tendances diverses, le contingent des armées régulières en présence. Voici, sur les points principaux de la politique, les conséquences inévitables de la victoire remportée par chacun des combattants.

1° Le drapeau des légitimistes est le drapeau blanc ;

2° Ils n'admettent le suffrage universel ni pour l'élection du chef de l'Etat, ni pour l'élection des députés ;

3° Ils sont partisans du régime parlementaire ;

4° Leur loi sur la presse sera celle de 1819 ;

5° Ils regardent le Concordat comme un contrat vieilli, incapable de défendre utilement la religion ;

6° Ils voteront l'inamovibilité de la magistrature ;

7° En économie politique il sont protectionnistes ;

8° Ils s'opposeraient au rachat par l'Etat des grandes Compagnies de chemins de fer ;

9° Il se montreraient respectueux de toutes les

situations non politiques légitimement acquises par le travail et le talent;

10° Ils ont voté contre le retour à Paris des Assemblées délibérantes; et, s'ils se sentent la force d'appliquer cette théorie politique, leur conduite sera conforme à leur vote.

***

1° Le drapeau des bonapartistes est le drapeau tricolore;

2° Ils sont partisans du suffrage universel aussi bien pour l'élection du chef de l'Etat que pour l'élection des députés;

3° Ils veulent le régime représentatif mais non le régime parlementaire;

4° Leur loi sur la presse, sauf quelques modifications qui n'en altèreront pas la portée politique, sera le décret de 1852;

5° Au point de vue religieux ils regardent le Concordat comme le seul terrain où l'on puisse défendre utilement la religion;

6° Ils respecteront l'inamovibilité de la magistrature;

7° En économie politique ils ont des tendances libres-échangistes variant suivant les temps et les circonstances; toutefois, en aucun cas ils ne permettront une taxe sur le pain;

8° Ils s'opposeraient au rachat par l'Etat des grandes Compagnies de chemins de fer;

9° Parvenus au pouvoir, ils se montreraient res-

pectueux des situations non politiques légitimement
acquises par le savoir et le talent ;

10° Ils ont voté contre le retour à Paris des
Assemblées délibérantes, mais on ne saurait dire
encore quelle serait leur conduite sur ce point s'ils
arrivaient au pouvoir.

*
* *

1° Le drapeau des républicains est le drapeau tricolore, et sera bientôt le drapeau rouge si la République dure ;

2° Ils admettent le suffrage universel pour l'élection des députés, mais le répudient pour l'élection
du chef de l'Etat ;

3° Ils sont partisans du régime parlementaire
avec tendances vers le régime de la Convention ;

4° Leurs lois sur la presse sont encore celles de
1819 et de 1852, mais deviendront, théoriquement
au moins, plus libérales ;

5° Tout en se servant du Concordat, ils le regardent comme un contrat vieilli incapable de défendre
utilement les droits de l'Etat contre les empiète-
ments de la société religieuse ;

6° Ils espèrent détruire bientôt l'inamovibilité de
la magistrature ;

7° En économie politique ils montrent des tendances libres-échangistes ;

8° Ils sont partisans du rachat par l'Etat des
grandes Compagnies de chemins de fer ;

9° Maintenus au pouvoir ils se montreront de

moins en moins respectueux de toutes les situations non politiques acquises par le travail et par le talent;

10° Ils entendent faire siéger à Paris les Assemblées délibérantes et leur conduite sera sur ce point conforme à leur vote.

LE DRAPEAU

Ce n'est point une loque bariolée de couleurs criardes comme se plaisent à l'enseigner certains philosophes de l'école moderne; planté sur le sol étranger, c'est la patrie retrouvée; à l'intérieur, c'est le symbole du régime politique du pays.

Tous les légitimistes ne sont pas résolus à déployer le drapeau blanc sur l'arène électorale, mais tous l'aiment parce qu'il serait une revanche de la Révolution qu'ils détestent, parce que, en cessant de le respecter, ils renieraient du même coup leurs doctrines les plus chères, celles qui sont l'essence même de leur parti. Qui comprendrait un légitimiste acceptant un Roy qui ne serait pas de droit divin? Or, le drapeau tricolore ne peut être porté que par un prince régnant par la *grâce de Dieu et la volonté nationale.*

La maison des Bonapartes le porte légitimement et l'a promené triomphant sur le monde ébloui.

Les républicains, au début de leur règne, n'hésitent pas à se parer de cet emblème populaire et respecté, mais peu à peu ils deviennent nécessairement infidèles à la devise politique qu'il résume. Comme Dieu leur paraît étranger à tout acte humain et qu'ils n'ont jamais osé interroger la volonté nationale dont ils se défient, le blanc et le bleu de leur drapeau se terniront et il n'y demeurera bientôt que le rouge, symbole du mépris de Dieu et du peuple.

LE SUFFRAGE UNIVERSEL

Dès les premiers jours de la monarchie française, la nation nomma son roi, et le pape bénit l'élu du peuple. Cette antique coutume a été fidèlement suivie pendant près de quinze siècles et s'est imposée à tous les chefs des dynasties qui ont régné sur la France. Clovis et saint Rémi, Pépin et Boniface, Capet et Sylvestre II, Napoléon et Pie VII ont été faits et sacrés rois par les mêmes mains. Les deux époux, le prince et la France, s'enchaînaient par un consentement mutuel, et le ciel bénissait leur union. C'était le mariage civil suivi du mariage religieux.

La Royauté subordonnée à l'assentiment du peuple est comme le trait dominant de cette institution toute française, et il y a près de 400 ans, un député de la noblesse aux États généraux de 1484, exposait sans contradictions les maximes sui-

vantes : La Royauté est un office, non un héritage,
— c'est le peuple souverain qui dans l'origine créa
les rois, — l'État est la chose du peuple, la souveraineté n'appartient pas aux princes qui n'existent
que par le peuple, — ceux qui tiennent le pouvoir,
par force sont usurpateurs du bien d'autrui, — le
peuple c'est l'universalité des habitants du royaume.

Cet assentiment du peuple n'était pas sollicité
uniquement pour légitimer de nouvelles dynasties ;
à toutes les époques critiques de notre histoire
on rassembla les Etats généraux, qui étaient élus
par le suffrage universel, et en pleine tourmente
révolutionnaire, dans le procès de l'infortuné
Louis XVI, tout ce qui restait de force aux honnêtes gens fut employé à réclamer le jugement du
Roi par le pays. Les Girondins et Vergniaud à leur
tête défendirent dans la Convention cette sainte
cause de l'appel au peuple, sans avoir peut-être
pleine conscience du grand résultat auquel ils
seraient parvenus s'ils avaient réussi ; cette juris-
prudence, une fois adoptée à l'égard du sort réservé
à Louis XVI, arrêtait la Révolution dans la voie
sanglante où elle était entrée ; le Roi acquitté — et
personne n'a jamais fait à la France l'injure de
croire qu'elle l'eût condamné — se remettait entre
les mains des Français qui l'auraient protégé contre
les violences parisiennes, et le lendemain de ce jour
solennel, la guillotine rentrait au bric-à-brac républicain, et le pays remis en pleine possession de lui-
même arrangeait ses destinées comme il l'entendait.

Là tradition française relative à l'élection du souverain et à la pratique de l'appel au peuple est entrée dans le droit européen. Aussi le prince qui est mis ainsi à la tête du pays est reconnu aussitôt par toutes les puissances étrangères, qui n'ont d'ailleurs d'autre indication que celle-là pour distinguer au milieu de nos perpétuelles révolutions où se trouve la véritable légitimité.

Le prince élu est investi d'une autorité telle qu'il peut servir d'arbitre entre ses sujets dans les querelles les plus vives où ils sont engagés. Qui pouvait avoir la vaillance du Concordat, si ce n'était un prince que des millions de suffrages venaient d'élever jusqu'au ciel? Qui pouvait avoir la féconde hardiesse des traités de commerce, si ce n'est un chef, puisant dans l'unanimité des suffrages de ses concitoyens la force de défendre les droits et les intérêts des masses populaires.

Cette légitimité donnée par le peuple et consacrée par Dieu a, d'ailleurs, jusque sur la gestion quotidienne des affaires publiques les plus salutaires effets; faute de ce verdict, les partis à l'intérieur restent armés, et toute discussion sérieuse devient impossible; on vote ou l'on rejette une loi non par la considération qu'elle est bonne ou qu'elle est mauvaise, mais parce qu'elle pourrait nuire ou plaire à tel ou tel parti. Depuis plus de dix ans que la République existe sans s'être fait légitimer, il serait absolument impossible de citer une loi arrivée à la discussion publique sans la préface obligatoire de la lutte des partis. A quel point de vue s'est-on placé pour étudier la loi sur la presse, la loi municipale, les traités de commerce, la loi électorale, le rachat des Compagnies de chemins de fer, la loi sur l'armée, l'organisation des pouvoirs publics, l'amnistie et la loi sur la magistrature ? S'est-on borné à rechercher le bien public sans se soucier d'amis trop exigeants ou d'adversaires trop puissants ? Assurément non, et on ne pouvait pas le faire, et il eût été déraisonnable de demander un pareil désintéressement à nos gouvernants ; ils se sentaient attaqués dans leur existence même et ils se défendaient, et ils ont fait de mauvaises lois, parce qu'il fallait avant tout, et selon les circonstances, favoriser les monarchistes, écraser les impérialistes ou plaire aux radicaux. Ainsi il en sera toujours des gouvernements qui n'ont pas satisfait à la plus légitime exigence du temps présent : pour avoir refusé de consulter le peuple, ils traînent une existence misérable et harcelée par touts les partis auxquels ils n'ont pas su imposer silence.

En se rappelant ce qu'ont été, à ce point de vue, nos diverses Républiques, n'est-il pas permis de se souvenir en même temps de nos deux Empires ? Tous deux ont fait des lois sages, utiles, fécondes, hardies, des lois étudiées pour elles-mêmes, sans crainte des partis désormais ralliés ou soumis, des lois qui sont restées dans nos codes et que les adversaires des constitutions impériales sont réduits à copier.

La reconnaissance facile de l'Europe, l'apaisement des partis, soit en deux mots la possibilité de bien faire, tels sont les grands résultats immédiatement obtenus par les plébiscites. Les légitimistes, en abandonnant les doctrines qu'ils ont pratiquées pendant des siècles, les républicains en agissant de même au mépris de leurs promesses solennelles et de leur intérêt le plus évident, donnent à croire que c'est la prudence qui les met ainsi en contradiction avec eux-mêmes. Tous deux sont sortis de la tradition nationale, la maison des Bonapartes y est seule restée fidèle.

***

Le suffrage universel appliqué à la nomination des représentants du pays est d'aussi bonne famille que son aîné et, comme lui, il remonte à la monarchie légitime. C'était l'unique mode de convocation des Etats généraux et le décret signé par Louis XVI, en 1789, porte textuellement :

« Auront droit d'assister aux assemblées électorales du tiers Etat, tous les habitants des villes, bourgs et campagnes nés français ou naturalisés, âgés de vingt-cinq ans, domiciliés et compris au rôle des impositions. »

L'invention malheureuse du cens électoral en France n'a dû probablement le jour qu'à la nécessité où se trouvèrent les légitimistes, sur ce point comme sur bien d'autres, d'expliquer leur réapparition sur le trône par des institutions différentes de celles qu'avait pratiquées l'Empereur : pour s'éloigner de lui, ils s'éloignaient même de leurs propres principes.

Le suffrage censitaire a été essayé, pour la première fois, en 1815, et pratiqué depuis, avec toutes les variantes imaginables : il y a eu deux collèges et un seul collège, on a séparé et réuni le droit de l'électeur et le droit de l'éligible, l'impôt à payer a varié successivement de 1,000 francs à 200 francs, rien n'a réussi et rien ne pouvait réussir; au bout de quelques années d'exercice, l'électeur présumé conservateur devenait un opposant redoutable; le cens est décidément dans notre pays un engin politique révolutionnaire.

La raison en est simple : le suffrage universel donne la majorité à nos paysans qui sont conservateurs et le suffrage restreint la confie aux habitants des villes, à la bourgeoisie qui a fait et qui fera toujours de l'opposition aux gouvernements de son choix; cette classe, dont le tempérament ne peut pas être politique, à raison même de sa constitution sociale, a donné depuis soixante ans de telles preuves de sa versatilité, qu'il est bien inutile de les rappeler; ce sont les successeurs incontestables de ces Girondins qui firent le 10 août et votèrent la mort du Roi, qu'ils avaient d'abord acclamé; las de la République, les Girondins de 1802 ont voté pour l'Empereur; las de l'Empire, ils ont voté pour la Restauration; fatigués du Roy légitime, ils se sont mis 221 pour le renverser; et ils n'avaient pas plutôt inventé le Roi-citoyen, qu'ils prenaient leur plus grosse voix pour lui faire la leçon ; comme ce prince spirituel ne se pressait pas d'en profiter, ils le renversèrent, la fourchette à la main, dans les banquets réformistes. Ce n'est pas seulement de la sottise, c'est une véritable maladie constitutionnelle.

Cette appréciation, que l'histoire la plus récente impose aux esprits impartiaux, ne saurait être infirmée par ce fait que la République détourne peu à peu le suffrage universel de sa véritable voie ; une pareille conduite détruirait encore plus rapidement tout autre système électoral ; sans doute un vase peut contenir de l'eau, encore ne faut-il pas le tenir la tête en bas.

Quant aux défauts de logique qu'on reproche au suffrage universel appliqué à l'élection des députés, ce sont purs jeux d'esprit qu'on pourrait faire avec autant de justesse à toute loi électorale : .

— Ne donnez jamais à l'électeur qu'un problème qu'il pourra résoudre.

Or, ce problème à résoudre n'est jamais la question d'Orient, ni les mérites comparés de l'impôt proportionnel et de l'impôt progressif : c'est le choix d'un homme, conservateur d'un côté, opposant de l'autre, et ce choix ne dépasse en rien les facultés du plus humble de nos électeurs.

Il faut que le nombre de voix dont on dispose soit égal à la position et au rang que l'on a dans la société.

Cette équation se fait naturellement, et sans le secours de la loi, sous tous les modes de suffrage, parce que le citoyen intelligent, riche et honorablement connu, dispose en réalité d'un nombre de voix égal à celui de tous les électeurs qui ont confiance dans son jugement. Quand on se présente comme candidat, on ne quête pas de porte en porte toutes les voix du village, on s'adresse à deux ou trois notables et, lorsqu'on a obtenu leur assentiment, on dispose de toutes les voix de la commune.

La loi me fait l'égal d'un savetier ou d'un valet.

Est-ce que M. Thiers ou M. Guizot se plaignaient d'être les égaux de l'épicier de la place St-Georges ou du marchand de vins du boulevard des Capucines? Et cependant ils payaient tous les quatre 200 fr. d'impôts.

La nature fait donc admirablement ce que la loi ne ferait qu'imparfaitement; on ne peut jauger le mérite d'un citoyen, c'est le crédit qu'on lui accorde librement qui en est la véritable mesure.

Les légitimistes, en abandonnant le suffrage universel pour la nomination des députés, se mettent en contradiction avec leur plus ancienne pratique et se privent du seul système électoral qui puisse satisfaire des conservateurs comme eux. Les républicains et les impérialistes se conforment à la tradition du pays; mais avec cette différence que les uns l'appliquent mal et les autres bien; les uns demandent au pays conservateur d'approuver des thèses d'opposition, et les autres ne soumettent à leurs électeurs que des doctrines gouvernementales.

LE RÉGIME PARLEMENTAIRE

Il n'a pas en France une origine aussi antique que le suffrage universel. Il date de la Restauration. M. Guizot, qui fut le défenseur le plus illustre et le plus opiniâtre de ce régime politique, avoue, dans ses mémoires, qu'on l'essaya, non pas parce qu'on le trouvait bon, mais parce qu'on n'avait rien de mieux sous la main; les légitimistes, par haine de l'Empire, crurent ne pas devoir se servir du Corps Législatif, ils avaient d'ailleurs une inclination naturelle pour une institution que l'aristocratique Angleterre pratique avec tant d'éclat; avec un peu plus de réflexion, ils auraient copié l'Empire sur ce point, comme ils le copiaient tous les jours en se servant du code Napoléon et ils n'auraient pas pris pour une aristocratie la masse de partisans, fort honorables, qui les entouraient, titrés sans doute, mais sans privilèges légaux.

La tradition française, qu'elle s'appuie sur le droit divin ou sur le peuple, donne au chef de l'Etat des prérogatives de roi : on adore ou on déteste son chef, on le combat ou on le défend avec passion, mais on veut un chef. Il n'existe pas de démocratie sans lui : le Président des Etats-Unis choisit ses ministres et les impose au Parlement. La nullité volontaire du chef nominal de l'Etat qui se cache dans le palais de l'Elysée et qui borne son ambition à nourrir les canards du jardin, a fait naître au palais Bourbon un chef véritable qui prend à peine le soin de déguiser sa toute puissance.

Dans un pareil pays, donner la souveraineté à une Assemblée a toujours été et sera toujours un non-sens.

Les républicains et les légitimistes ont donc été sur ce point encore en dehors de la coutume du pays ; les bonapartistes seuls ont compris le génie séculaire de la France et lui ont donné pleine satisfaction : au chef l'action, à l'Assemblée le contrôle, tels furent leur devise et leur pratique. Quand, pour leur malheur et celui du pays, ils ont cru devoir céder aux entraînements de l'opinion, quand en 1815 et en 1869 ils ont renié leur origine, la punition a été immédiate et cruelle; le Parlement de 1815 a été l'instrument visible de la chute de Napoléon I⁰ʳ, et celui de Napoléon III a doublement aidé au malheur du pays, une première fois en refusant les crédits nécessaires à l'armée, une seconde fois pour n'avoir pas eu la force de résister comme l'eût fait un souverain véritable, en pleine possession de sa puissance, aux clameurs de la foule qui voulait la guerre.

C'est une véritable fatalité pour notre malheureux pays que cette institution d'origine étrangère, elle n'est pas plutôt installée qu'elle est tiraillée, discréditée, amoindrie, et qu'elle devient la proie de l'émeute à laquelle la bourgeoisie censitaire ouvre la porte sans s'en douter; c'est la manière unique de renverser les gouvernements de la France : 1815,

1830, 1848, 1870, quelles dates et quels états de service du régime parlementaire !

Les querelles terribles qu'il engendre dans notre infortuné pays ont éclaté, dès les premières années de sa mise en pratique, et il fut dénoncé avec éclat par ses plus illustres partisans. Le roi Louis XVIII, pas plus d'ailleurs que la bourgeoisie qui lui avait ouvert les bras, ne savait ce qu'il faisait en livrant sa couronne au Parlement ; satisfait de ne rien devoir à l'élection et de restaurer ainsi *la grâce de Dieu*, il accepta sans y regarder de trop près ce mécanisme compliqué que savent seules manier les aristocraties ; quant aux libéraux (on appelait alors ainsi les électeurs censitaires à 300 fr.) ils furent d'abord d'une bonne foi égale à leur ignorance, ils ne songèrent pas un instant à demander à un prince qu leur tombait directement du ciel de se soumettre à leur volonté, ils étaient bien convaincus au contraire que leur rôle n'était que subalterne. Mais il arriva bientôt que la monarchie légitime, obéissant à la loi de conservation qui régit tous les êtres créés, voulut préserver son principe de toute insulte et s'entourer des hommes en qui elle se personnifiait ; cette tentative inévitable amena des collisions entre les deux associés : la bourgeoisie mécontente et jalouse s'emporta, et la passion aidant, elle ne tarda pas à découvrir ce qu'elle n'avait pas compris d'abord, à savoir que le mécanisme politique mettait entre ses mains la souveraineté tout entière, et qu'elle avait le droit d'imposer au roi les ministres qui lui convenaient ; c'était elle qui por-

tait la couronne, le prince n'était plus qu'un agent
bien logé et grassement payé. Royer-Collard, bien
qu'il fût plus coupable que la bourgeoisie, car il
était plus capable qu'elle, n'hésita pas à confesser
son erreur à la tribune, lorsqu'il dit avec ce grand
air de docteur politique que l'histoire lui a conservé :
« Le jour où le gouvernement n'existera que par la
majorité de la Chambre, le jour où il sera établi en
fait que la Chambre peut repousser les ministres du
roi, et lui en imposer d'autres qui seront ses propres
ministres et non ceux du roi, ce jour-là c'en est fait
non-seulement de la Charte, mais de cette royauté
indépendante qui a protégé nos pères et de laquelle
seule la France a reçu tout ce qu'elle a jamais eu
de liberté et de bonheur, ce jour-là nous serons en
République. »

C'était et c'est toujours la vérité même, mais on
reste confondu en songeant qu'il existe encore en
France tant d'esprits égarés et affaiblis sans doute par
nos fréquentes révolutions, pour nier cette vérité.
Cette erreur était excusable alors que ce système
politique était mis en pratique pour la première fois,
mais aujourd'hui, après tant de sinistres leçons, ce
serait à désespérer du sens commun.

Quand les 221 eurent fait leur coup involontaire,
ils n'eurent pas un instant d'hésitation dans l'erreur
et ils rétablirent avec sincérité, presque avec enthousiasme, ce parlement qui venait de renverser un
trône, sans se douter qu'il pourrait bien en renverser
un second. Pendant quelques années les vices
de l'institution ne furent pas trop apparents ; la

bourgeoisie était tellement occupée à étouffer les émeutes de la rue, qu'elle ne songeait pas à en faire elle-même, mais quand les remueurs de pavés et les assassins annuels du Roi-citoyen lui eurent donné un peu de répit, elle reprit inconsciemment son œuvre de destruction, et joua du parlement, de manière à jeter par terre sa chère et nouvelle royauté; avec un instrument d'une pareille précision la lutte n'est jamais longue, le dernier coup fut porté en 1848.

C'est un fait remarquable, que les partisans les plus illustres de la nouvelle forme politique du pouvoir aient été sous la Restauration comme sous la monarchie de Juillet, les plus sévères de ses juges : Royer-Collard, Berryer, Guizot, ont révélé avec éclat l'incompatibilité absolue du régime parlementaire et de la royauté française; Thiers, Duvergier de Hauranne, O. Barrot, de Tocqueville n'avaient pas de termes assez méprisants pour peindre à la tribune les ravages produits sur l'esprit public par ce régime qui leur était si cher.

Thiers disait en 1847: « Tout le monde ne s'aperçoit-il depuis un certain nombre d'années que l'esprit politique s'est affaibli, qu'il a fait place à une passion d'intérêts matériels désordonnée ? Tout le monde ne sait-il pas qu'on s'occupe avec distraction, avec froideur de ce qui concerne les grands intérêts du pays, et avec une chaleur inouïe de ce qui concerne les intérêts de telle province ou de tel département? Il me semble que la question ainsi posée ne sera résolue que d'une seule manière et que tout le monde répondra : Oui, l'esprit public s'est affaibli en France. »

Duvergier de Hauranne n'était pas plus tendre : « Le gouvernement représentatif, disait-il, est en péril ; ce n'est point comme en 1830, la violence qui le menace, c'est la corruption qui le mine. Depuis soixante ans la France n'a cessé d'être agitée par des passions diverses et successivement dominantes ; sous nos premières Assemblées c'était le désir énergique de faire passer dans les institutions, dans le gouvernement, les grandes idées de justice, de liberté, d'égalité, dont la société était imbue ; du temps de l'Empire, c'était l'amour de la gloire et de la grandeur nationale ; sous la Restauration, c'était la haine de l'ancien régime et un dévouement réfléchi à la cause libérale, à la cause des institutions représentatives ; aujourd'hui, c'est la soif ardente de la richesse et du bien-être. »

« A la tribune et dans la presse on s'impose encore quelques ménagements et l'on garde une certaine réserve, mais ailleurs toute hypocrisie cesse, tout voile tombe, et c'est le front levé, au grand jour, que l'intérêt personnel marche escorté de ses apôtres et de ses prédicateurs. Il faut voir alors avec quel suprême dédain il traite ceux qui sont assez niais pour conserver le souvenir de la Révolution, de l'Empire, de la Restauration même et pour croire que les opinions sont encore quelque chose ; il faut voir avec quelle foi ardente il proclame que l'homme sensé, l'homme sage doit faire ses affaires plutôt

que celles de l'Etat et qu'on est père de famille avant
que d'être citoyen ! Il faut voir avec quel saint
enthousiasme il déclare que le temps de la gloire
militaire est passé, comme celui des idées libérales
et que notre siècle a pour mission unique de s'enri-
chir et de se repaître. »

Il est impossible, quand on veut pénétrer le
secret des défaillances de cette époque et du régime
politique qui en était la personnification exacte, de
passer sous silence les accents vraiment prophéti-
ques de M. de Tocqueville, dénonçant à la tribune,
le 28 janvier 1848, la catastrophe inévitable qui eut
lieu un mois après son discours :

« Lorsque j'arrive à rechercher, dans les différents temps, chez les différents peuples, quelle a
été la cause efficace qui a amené la chute des clas-
ses qui gouvernaient, je vois bien tel événement,
tel homme, telle cause accidentelle ou superficielle,
mais croyez que la cause réelle, que la cause efficace qui fait perdre le pouvoir, c'est qu'elles sont
devenues indignes de le porter.

» Songez, messieurs, à l'ancienne monarchie ; elle
était plus forte que vous, plus forte par son origine, elle s'appuyait mieux que vous sur d'anciens
usages, sur de vieilles mœurs, sur d'antiques
croyances, elle était plus forte que vous et cependant elle est tombée dans la poussière. Et pourquoi est-elle tombée ? Croyez-vous que ce soit par
tel accident particulier ? Pensez-vous que ce soit
le fait de tel homme, le déficit, le serment du
jeu de Paume, Lafayette, Mirabeau ? Non, mes-

sieurs, il y a une cause plus profonde et plus vraie, et cette cause, c'est que la classe qui gouvernait alors était devenue par son indifférence, par son égoïsme, par ses vices, incapable de gouverner. Voilà la véritable cause.

» Eh, messieurs, s'il est juste d'avoir cette patriotique préoccupation dans tous les temps, à quel point n'est-il pas plus juste de l'avoir dans le nôtre ? Est-ce que vous ne ressentez pas, messieurs, par une sorte d'intuition instinctive qui ne peut se discuter, s'analyser peut-être, mais qui est certaine, que le sol tremble de nouveau en France? est-ce que vous n'apercevez pas... que dirais-je ?... un vent de révolution qui est dans l'air ? Ce vent on ne sait d'où il naît, d'où il vient, ni, croyez-le bien, qui il enlève, et c'est en de pareils temps que vous restez calmes, en présence de la dégradation des mœurs publiques, car ce mot n'est pas trop fort. Je parle, messieurs, sans amertume, je vous parle, je crois même, sans esprit de parti ; j'attaque des hommes contre lesquels je n'ai pas de colère ; mais enfin, je suis obligé de dire à mes antagonistes et à mon pays ce qui est ma conviction profonde et arrêtée. — Eh bien, ma conviction profonde, c'est que les mœurs publiques se dégradent, c'est que la dégradation des mœurs publiques vous amènera dans un temps court, prochain peut-être, à des révolutions nouvelles.

» La tempête est à l'horizon, elle marche sur vous, vous laisserez-vous prévenir par elle ? Messieurs, je vous supplie de ne pas le faire, je ne vous le demande pas, je vous en supplie, je me mettrais volontiers à genoux devant vous, tant je crois le danger réel et sérieux. »

Un mois après ce discours la triste prophétie s'accomplit ; et il en sera toujours ainsi, tant que nous confierons nos destinées à un régime politique en opposition flagrante avec notre constitution historique et avec nos mœurs les plus invétérées ; le député si intelligent, si savant, si modéré d'allure qu'on le suppose, est par son origine, sa vie passée, ses intérêts les plus chers, hors d'état de porter la lourde couronne de France. A quelques exceptions près, il appartenait à l'industrie, au commerce, à la propriété, à des professions libérales, et lorsqu'il faisait son entrée dans la vie publique, il avait 45 ou 50 ans ; où aurait-il appris l'art si difficile du gouvernement ? Qui lui a jamais indiqué ce qu'il est pratique de concéder, et ce qu'il ne convient jamais d'accorder ? Pourquoi aurait-il le courage de sacrifier ses intérêts présents au service de cette chose publique, qui lui apparaît comme le couronnement doré d'une carrière fructueuse, et jamais comme le début d'une vie de sacrifices et de devoirs ? A-t-il à défendre la tradition de ses pères, a-t-il à conserver et à remettre à des fils son héritage politique? Hier il était inconnu, un jet de cette lueur éclatante qu'on appelle le pouvoir l'a mis en pleine lumière, et demain, l'axe de ce pouvoir étant changé, il rentrera dans son obscurité native. Comment s'étonner alors que ce souverain de passage n'ait pas les qualités essentielles des conducteurs de peuple. On lui reproche ses continuelles variations politiques, mais il ne peut donner que ce qu'il a : il ne lui est pas loisible de se transformer tout à coup et de se ployer aux exigences d'une situation qu'il n'avait jamais rêvée, qui n'a jamais été qu'un accident et non un but dans sa vie : son père fut autre que lui, ses fils ne lui ressembleront pas, et dans le cours de sa propre carrière, il a changé dix fois de position et par conséquent d'opinion ; tout en lui a été changeant, comment donnerait-il dans sa vie publique l'exemple de la fidélité à une idée ou à un principe.

Notre bourgeoisie, riche, instruite, habile en affaires, est un merveilleux instrument de contrôle et un détestable souverain; elle rendra d'inappréciables services dans un régime représentatif, et commettra de lamentables sottises dans un régime parlementaire.

LA LOI SUR LA PRESSE

En remontant le cours de notre histoire, on ne trouve naturellement aucun exemple à consulter pour organiser une bonne législation relative à la presse politique; le journal est un engin moderne de destruction qu'il serait ridicule de vouloir supprimer, mais dont on nierait en vain les dangers.

La pure théorie républicaine est sur ce point d'une simplicité à faire frémir ; elle déclare la presse absolument libre; mais quand l'écrivain se permet des appréciations blessantes pour les puissants du jour, elle fait saccager l'imprimerie par la populace et envoie le rédacteur à Cayenne ou à l'échafaud. Les gouvernements réguliers se sont crus obligés à pratiquer une législation plus compliquée, mais moins radicale; toutefois les résultats de la loi de 1819 n'ont pas été heureux, la presse politique, sous l'empire de ce droit nouveau, n'ayant jamais su borner son action à critiquer les actes du pouvoir, mais ayant toujours tendu au renversement du pouvoir lui-même.

Après les promesses pompeuses qui précédèrent son installation, la Restauration ne pouvait pas décemment recourir à la pratique du premier Empire, qui ne fut en réalité qu'une réponse inévitable aux violences révolutionnaires.

L'erreur de cette loi célèbre de 1819 a été double; elle a prétendu définir le délit de presse, et par suite mettre la main sur un coupable, ensuite elle a puni au lieu de prévenir. Or, la vérité en ces matières, c'est que dans un article de journal il n'y a ni délit ni coupable, et, vérité plus haute encore, c'est que le gouvernement n'a jamais intérêt à se venger d'une attaque, il ne doit avoir souci que d'éviter qu'elle se renouvelle.

Ces deux points, aujourd'hui que la pratique nous a tous éclairés, ne sauraient être sérieusement contestés. Tout est faux dans la nomenclature de ces prétendus crimes et délits qui échappent par leur nature même à la précision juridique; aussi la magistrature semble-t-elle bien excusable quand elle trahit sa répugnance à juger des procès de presse. Lorsque le pouvoir politique lui fait comprendre à demi-mot qu'il y a tel crime ou tel délit qu'il convient de poursuivre, tandis que sur tels autres il lui paraît plus sage de fermer les yeux ; quand elle s'aperçoit que ce qui était réputé crime hier ne le sera plus demain, parce que Martignac aura remplacé de Villèle et que Thiers aura succédé à Guizot ; lorsque l'on poursuit à Bordeaux et qu'on ne poursuit pas à Paris ; quand on a ordre de se montrer plein d'indulgence pour un écrivain et plein de rigueur pour un autre, qui ont commis la même faute, qui pourrait s'étonner que des magistrats dignes de ce nom renoncent à rechercher ces extraordinaires délits de droit commun, et à punir ces coupables d'une catégorie si exceptionnelle ?

L'institution du jury n'échappe pas au reproche de compromettre la magistrature dans les procès de presse. Lorsque ce célèbre et comique personnage qui représente le pouvoir bourgeois tire son sabre pour défendre le gouvernement, il défère les délits de presse à la police correctionnelle ; quand il aiguise son arme pour l'attaquer, il confie au jury le soin de juger les journalistes. Or, il n'est pas d'institution plus sotte que ce jury et son intervention en ces matières a toujours eu pour inévitable résultat d'empirer une situation politique périlleuse ; il est indulgent ou violent à contre-sens, excusant tout quand le gouvernement en péril aurait besoin d'un aide, sabrant tout quand le pouvoir est fort et que la situation ne comporte que l'indulgence. On a coutume de défendre le jury en disant que c'est un miroir fidèle de l'état politique du moment, mais c'est justement pour cette raison même que c'est un instrument ridicule de répression; la loi est un frein et non un miroir, et ces magistrats pour rire, tremblants de peur et dénués de tout sens politique, seront éternellement les courtisans de la force, rendant alternativement des services à l'ordre et au désordre, à César et à la populace.

Sans doute, dans un procès de presse confié au jury, la magistrature qui conduit cependant les débats ne juge plus ou ne paraît pas juger, mais c'est elle encore qui décide s'il doit y avoir procès ou si l'on n'en doit pas faire; c'est le parquet qui, dans les limites de son ressort, est chargé de découvrir le coupable et de le traîner devant la justice; où est l'homme sérieux pour prétendre qu'il n'est pas plus grave, en ces matières, de décider sur le sort de la poursuite que de la juger?

Un véritable gouvernement, avons-nous dit, ne doit avoir souci que d'écarter les périls qui le menacent et à ne jamais songer à venger une offense. Qu'importe à la chose publique que Timon ait été condamné, si tous les profits de la condamnation sont pour Timon? si, au grand dommage du pouvoir, les procès de presse se multiplient par l'intérêt même qu'y trouve le journaliste triomphant, malgré la peine qu'on lui inflige! Que dirait un jurisconsulte d'un code pénal qui aurait pour unique résultat d'encourager puissamment au crime?

La loi de 1819 n'a jamais eu d'autre effet ; on a calculé plaisamment le nombre de condamnations nécessaires pour transformer un écrivain obscur et de médiocre talent en un homme politique important, aspirant aux plus hauts emplois et les obtenant. L'on a découvert dans cette statistique fantaisiste que deux ou trois condamnations, arrivant à propos, peuvent créer la notoriété d'un journal et celle de son principal rédacteur, qu'avec un peu de chance, l'un arrive à la fortune et l'autre à la réputation, et qu'enfin, les temps étant devenus tout à fait propices, on fabrique par ce moyen et à bon compte de véritables héros populaires.

On a opposé à cette théorie de l'immunité un prétendu point d'honneur de l'écrivain ; il tient, a-t-on dit, à répondre de ses actes devant la justice du pays et sa dignité s'offense d'une indulgence qu'il n'a pas demandée ; c'est une véritable plaisanterie, si ce n'est pas une belle et bonne hypocrisie. En quoi, en effet, l'honneur d'un citoyen peut-il être inquiété parce qu'on ne prend pas dans sa bourse quelques billets de mille francs et qu'on se refuse à le traîner en prison ? N'y a-t-il pas une nuance de ridicule à tendre ainsi des bras suppliants pour qu'on les charge de chaînes ? A courir, avec tant d'ardeur, au devant du châtiment, on donne à penser que ce châtiment si recherché n'a de fâcheux que le nom, tandis que la célébrité et la fortune sont de très sérieuses compensations à l'ennui de passer quelques jours dans une prison peu sévère.

La loi de 1819 a donc édicté des délits que les jurisconsultes n'ont jamais pris au sérieux; elle a mis la main sur des coupables qui se sont moqués d'elle, et frappé de la peine de la députation et du ministère les écrivains qu'elle prétendait réduire au silence.

Napoléon III a seul aperçu et appliqué les vrais principes en ces matières : l'avertissement donné au journal qui s'éloigne des convenances, et la suppression si l'envie de mal faire est évidente.

En réalité, et pour peu qu'on veuille y réfléchir, on se rendra compte que l'Empire n'a fait, sur ce point, que ce que les autres gouvernements ont fait ; de tous temps c'est le pouvoir représenté par le ministre de l'intérieur et non la justice qui a intenté des procès de presse; on aura beau vanter l'indépendance de la magistrature, ce n'est jamais elle qui décide en ces matières; cela est d'ailleurs aussi juste que nécessaire, et puisqu'il s'agit d'une attaque contre le gouvernement, c'est à ce dernier qu'incombe le soin de savoir s'il faut poursuivre. Toutes les lois sur la presse mentent effrontément, quand elles donnent à croire à l'écrivain politique qu'il est protégé par la magistrature de son pays; la vérité, de tous les pays et de tous les régimes, c'est qu'il est à la merci du pouvoir politique sur le point au moins qui lui importe le plus; à savoir s'il sera ou ne sera pas poursuivi.

L'empire a refusé d'entrer dans cette universelle et ancienne conspiration hypocrite, et il a averti courageusement le citoyen qu'il entendait faire juger par le pouvoir politique, l'homme politique qui l'attaquait; ce fut au moins la pratique de ce gouvernement tant qu'il resta fidèle à son origine.

Vers 1869, à l'époque de ces libertés inutiles qu'on appela nécessaires, les lois de Royer-Collard reprirent faveur, mais avant de faire rentrer l'hypocrisie dans notre code de la presse, on essaya, tout en laissant au gouvernement les armes dont il avait fait un si salutaire usage, de compléter l'idée impériale par l'institution d'un véritable jury politique, émanation des conseils généraux de France. L'avertissement restait entre les mains du pouvoir, mais cet avertissement lui-même devait être par lui déféré à ce jury nouveau. Le gouvernement n'était plus juge et partie dans sa propre cause; le plaignant, le juge et l'accusé étaient tous gens politiques.

Ce projet fut discuté par le conseil d'Etat en séance solennelle présidée par l'empereur, qui essaya à plusieurs reprises de défendre cette nouveauté; il fut porté au Sénat et au Corps Législatif, sans plus de succès; son temps n'était pas venu, on descendait la pente sur laquelle on ne s'arrête pas.

Mais c'est trop longtemps s'arrêter sur une innovation qui aurait, selon nous, rendu de grands services, on excusera notre réserve sur ce point en se rappelant que ce projet porte notre nom.

Constatons, en terminant, que l'Empire seul a vu la vérité, et a eu la hardiesse de faire ouvertement ce que les gouvernements qui l'ont précédé et ceux qui l'ont suivi n'ont fait qu'en se cachant.

LE CONCORDAT

Dieu habite exclusivement certaines âmes de prédilection, et leur passage sur la terre n'est qu'un
pénible et fugitif accident de leur éternelle existence. Au matin de la vie, elles ont été souveraine-
ment émues par les splendeurs de la religion ; elles
semblent s'être arrêtées à cet âge charmant où l'on
s'avance les mains jointes et pour la première fois
vers l'autel du Seigneur, où toutes les fêtes de la
nature et de l'Eglise semblent s'être concertées pour
ouvrir le cœur aux grandes et généreuses pensées,
où l'on verse de douces larmes en promettant au
bon Dieu de ne jamais oublier les profonds enseignements de ce jour béni.

Mais ces petits hommes deviennent grands, les
serments s'oublient, les larmes se sèchent et l'aima-
ble poésie s'envole ; tel est au moins le sort du plus
grand nombre. Il en est cependant qui échappent
aux séductions de la terre, on les reconnaît facile-
ment à une certaine hauteur froide, à une attitude de
résignation qui les suit jusque dans le monde qu'ils
fréquentent, mais auquel ils ne se mêlent pas ; ce
sont des fils respectueux, des amis sûrs, des maris
fidèles, des pères tout dévoués ; mais chez eux le
devoir prime toujours l'enthousiasme. Pour ces
âmes fortement trempées, le mariage n'est qu'un

sacrement, et les enfants, de futurs combattants pour la gloire du Très Haut.

Dans la vie publique, ils sont irréprochables, et, sur les champs de bataille, ce sont des héros; mais ils portent partout avec eux leurs passions sacrées et entendent toujours subordonner les intérêts mesquins et changeants de la société civile aux exigences supérieures de leur foi.

Ils obéissent à César, mais seulement parce que le représentant de Dieu sur la terre les y engage, et si le Pape avait une politique qui contrariât celle de l'Etat, ils ne pourraient s'empêcher de faire des vœux sincères pour le triomphe de la cause divine.

Sans doute ces belles figures, empreintes de la foi ardente d'un autre âge, sont rares dans notre monde affairé, tout grouillant d'appétits et d'intérêts ; mais c'est l'honneur et comme la réhabilitation de ces foules sans idéal de pouvoir être frappées, séduites et entraînées par ces hommes qui paraissent toujours grands parce qu'ils portent de grandes pensées. Il n'a fallu qu'un Pierre L'Hermite pour prêcher la croisade.

Les deux sociétés civile et religieuse, malgré leurs forces en apparence si dissemblables, peuvent donc se heurter, et malheureusement, en fait, le monde a été rempli de leurs querelles qui dureront autant que lui. Comme, d'ailleurs, les Etats sont peuplés de citoyens qui suivent des religions différentes, et que, laissés sans frein et sans règle aux ardeurs de leurs fois respectives, ces saints lutteraient entre eux jusqu'à l'extermination, il a fallu avoir recours aux concordats, à des traités de paix signés entre ces éternels belligérants, et ayant pour objet : d'un côté, l'ensemble des règles que consentent mutuellement le Pape et l'Etat, pour le bien de la religion ; de l'autre, la tolérance imposée par la loi aux partisans des différents cultes.

Le Concordat signé par le pape Pie VII et Napoléon Bonaparte remplit ce double but. Les deux illustres négociateurs se sont inspirés des coutumes séculaires de l'Eglise et il n'est point un article dogmatique de cette célèbre charte de paix qui ne puisse être appuyé sur les textes les mieux consacrés par le temps et par une constante pratique ; aussi Sa Sainteté, en présentant cette grande œuvre au peuple, respirait un enthousiasme sincère : « Français, disait-il, l'Eglise était presque anéantie aux yeux de tout le monde, elle renaît, merveilleusement soutenue par les lois et protégée par l'autorité suprême du gouvernement. Le premier consul de votre République, à qui vous devez principalement un aussi grand bienfait, qui a été destiné pour rendre à la France affligée et l'ordre et la tranquillité, devenu comme le grand Constantin le protecteur de la religion, laissera de lui, dans les monuments de l'Eglise de France, un éternel et glorieux souvenir. »

Le Concordat contient 17 articles.

L'article 1er déclare que la religion catholique sera librement exercée en France, que son culte sera public, tout en se conformant aux règlements de police que le gouvernement jugera nécessaires pour la tranquillité publique.

L'article 2 et l'article 3 s'occupent d'une nouvelle circonscription des diocèses français, faite d'accord par le Saint-Siège et le Gouvernement français.

L'article 4 et l'article 5 stipulent que le premier consul nomme les titulaires des archevêchés et des évêchés et que le Pape leur confère l'institution canonique. C'est la reproduction exacte d'une coutume des plus anciennes; dans le Concordat de 1516 conclu entre Léon X et François Ier on lit : « La nomination des évêques est faite dans les six mois qui suivent la vacance du siège ; l'institution canonique leur est donnée par le pape.» Cette règle, confirmée par la déclaration de l'Eglise de France rédigée par Bossuet en 1682, a été appliquée sans interruption pendant près de trois siècles jusqu'à la constitution civile du clergé en 1791. Les détails eux-mêmes de cette maxime antique ont été scrupuleusement observés; l'âge de 30 ans qu'exige pour les évêques l'article 16 de la loi organique est déjà spécifié par Louis XII en 1499, et par François Ier en 1525.

Les articles 6 et 7 édictent le serment que les évêques et les curés sont tenus de prêter au chef de l'Etat en prenant possession de leurs sièges. Ce serment, qui était la reproduction littérale de celui qu'exigeait nos anciens rois, est tombé en désuétude.

L'article 8 reproduit, à l'usage du temps, l'antique formule de la prière dite à la fin de l'office divin : *Domine salvum fac regem.*

L'article 9 confère aux évêques, de concert avec le Gouvernement, le droit de délimiter la nouvelle circonscription de leurs diocèses.

L'article 10 donne aux évêques la nomination de leurs curés, qui leur sont soumis dans l'exercice de leurs fonctions : c'est la reproduction de l'article 12 de l'édit de 1695.

L'article 31 des lois organiques ne donne pas aux évêques le droit de révoquer leurs curés ; leur indépendance consacrée par le Concordat est une règle très ancienne qui remonte au Concile de Béziers en 1233.

L'article 11 permet aux évêques d'avoir un chapitre dans leur cathédrale, et un séminaire pour leur diocèse (art. 65 et 68 des libertés de l'Eglise gallicane — décision ministérielle de 1817).

Art. 12. — Toutes les églises non aliénées seront remises à la disposition des évêques.

Art. 13. — Sa Sainteté déclare que la propriété des biens ecclésiastiques aliénés demeure incommutable entre les mains de ses acquéreurs.

Art. 14. — Le Gouvernement assurera un traitement convenable aux évêques et aux curés.

Ces deux articles reconnaissent explicitement la Révolution, puisqu'ils en adoptent les conséquences ; c'était une conduite sage, et il n'est pas aujourd'hui un adversaire déclaré de cette Révolution qui émette la prétention de rechercher et de poursuivre les acquéreurs de biens nationaux ; leur conscience doit d'ailleurs se trouver absolument soulagée par l'acquiescement de Pie VII, et aussi par le décret du 2 novembre 1789, signé par le roi Louis XVI, et portant que « tous les biens ecclésiastiques sont à la disposition de la nation, à la charge de pourvoir d'une manière convenable aux frais du culte, à l'entretien de ses ministres et au soulagement des pauvres. »

L'article 15 permet aux catholiques français de faire des fondations en faveur des églises.

L'article 16 reconnaît au premier consul les mêmes droits et prérogatives dont jouissait près d'elle l'ancien gouvernement.

L'article 17 décide que dans le cas où l'un des successeurs du premier consul ne serait pas catholique il y aurait lieu de recourir à une convention nouvelle.

* * *

Dans les lois organiques qui ne sont, à proprement parler, que le règlement d'administration publique de la loi du Concordat, et qui ont été prévues par l'article 1er de ce Concordat, il n'est rien à relever, en dehors des règles auxquelles sont assujetties les Églises catholiques, que l'article 1er et le décret de messidor an XII.

L'article 1er des lois organiques est ainsi conçu : « Aucune bulle, rescrit, décret, mandat, provision, signature servant de provision, ni autre expédition de la cour de Rome, même ne concernant que les particuliers, ne pourront être reçus, publiés, imprimés ni autrement mis à exécution sans l'autorisation du Gouvernement. » C'est la reproduction exacte de l'article 77 des Libertés de l'Eglise galli-cane : « observant soigneusement que toute bulle ou expédition de Rome fussent visitées pour savoir si en ycelles il y avait aucune chose qui portât préju-dice en quelque matière que ce fût aux droits et libertés de l'Eglise gallicane, et à l'autorité du roy dont se trouve encore ordonnance du roy Louis le onziesme. »

L'autorisation du gouvernement pour l'établisse-ment des ordres religieux n'est pas seulement le produit des lois révolutionnaires de 1790 et de 1792 et du décret de messidor, c'est une règle constante et constamment suivie à toutes les époques de la monarchie : — édit de Louis XIII, 21 novembre 1629 — déclaration de Louis XIV, 27 juin 1659 ; — édit de décembre de la même année ; — déclaration de 1671 ; — lettres patentes du 7 juillet 1738 ; — déclara-tion du Roy, en date du 1er juin 1739 ; — édit de 1749.

Les gouvernements qui ont suivi la Révolution ont appliqué cette loi dans des circonstances qui sont encore présentes à toutes les mémoires.

Le but que se sont proposé tous les gouverne-ments antérieurs et postérieurs à la Révolution a été double : d'un côté, on ne voulait pas permettre l'é-tablissement d'une association quelconque sans en connaître et en surveiller les agissements ; de l'au-tre, on ne voulait pas laisser amoindrir l'influence du régulier séculier qui supporte toutes les charges du culte,

Des décrets récents rendus contre certaines corporations religieuses ont soulevé des controverses passionnées. Il ne faut pas s'en étonner; quand bien même la légalité d'une pareille mesure ne pourrait pas être contestée, et c'est là notre avis, il arrive fort souvent qu'on ne trouve pas politique d'user d'un droit même incontestable; il faut ajouter que le succès éclatant de certaines corporations religieuses dans l'enseignement est un fait nouveau, et enfin que la République n'entend pas et ne peut pas s'arrêter à l'expulsion des jésuites, c'est la religion elle-même qu'elle vise; les décrets du 29 mars ne sont évidemment qu'un début. Dans de pareilles circonstances, la République paraît avoir mal fait d'user de son droit; elle en a jugé autrement, elle aura seule la responsabilité de ses actes.

L'attitude des trois concurrents aux élections prochaines, par rapport au Concordat, est aujourd'hui parfaitement connue : les légitimistes et les républicains le repoussent également, c'est pour tous deux un instrument vieilli; les uns le croient incapables de défendre la religion, et les autres, de la détruire.

La grande charte de 1801 est le résumé littéral de toutes les coutumes de l'Église française depuis que cette Église existe, elle reconnaît tous ses droits et s'engage à la défendre contre ses ennemis; comment les légitimistes hésitent-ils à entrer dans cette forteresse bénie par le pape et défendue, contre les impies, par la grande ombre de Napoléon, cet apôtre et ce dompteur de la Révolution? Ici encore, la vieille maison de France répudie ses propres doctrines et la nouvelle reste seule dans la tradition française.

LIBRE ÉCHANGE ET PROTECTION

Lorsque l'on compare un peuple à la fois agricole, commerçant et manufacturier, à un peuple exclusivement agricole, on est saisi de la différence de niveau moral qui existe entre eux. Chez l'un, l'isolement, le peu d'efforts qu'il faut faire pour s'assurer une existence médiocre mais sûre, engendrent la paresse et la routine; chez l'autre, la concentration d'un grand nombre d'hommes dans un étroit espace amène un échange rapide de pensées : la lumière de l'âme naît du frottement des esprits comme la lumière physique naît du frottement des corps; cette tention habituelle de toutes les facultés décuple le travail de l'homme et, par conséquent, sa valeur intellectuelle. L'intelligence, sollicitée d'entrer dans mille voies différentes, s'éveille, s'émeut, se passionne et s'accroît.

Puisque l'intelligence d'un peuple est étroitement liée à l'établissement de nombreux centres manufacturiers, il ne suffit pas, lorsqu'on a quelque souci de la grandeur de sa patrie, de se contenter de la production à laquelle son climat parait l'avoir particulièrement destinée, il ne suffit pas de voir prospérer la soie en Chine, le coton dans l'Inde, le cheval en Arabie, le blé dans la Russie méridionale, les bois dans la Suède, les épices sous la zône torride, puisqu'en agissant ainsi, on parquerait les peuples pour l'éternité dans des fabrications spéciales incapables de stimuler leur activité. A supposer d'ailleurs qu'on ait eu cette barbarie, on arriverait à un résultat tout à fait contraire à celui qu'on en attend. Chaque nation, dit-on, étant chargée de la production qui lui est la plus facile, fera mieux que toute autre et, par conséquent, pourra vendre à meilleur marché que qui que ce soit; c'est en vérité le contraire qui aura lieu : chacun ayant le monopole d'un produit, il faudrait redouter une élévation de prix subite dans le produit de cette denrée que la concurrence seule aurait le pouvoir d'abaisser.

Faire prospérer dans sa patrie le plus grand nombre d'industries possible, ce n'est pas seulement augmenter sa richesse et celle du monde entier, c'est concourir efficacement à la loi divine qui a jeté l'homme sur la terre pour y devenir grand.

Chez tous les peuples ce résultat a été obtenu par des lois protectrices de l'industrie naissante, par ce qu'on appelle plus brièvement le système protecteur.

Ce bienfait acquis, on a cherché à le compléter et à l'étendre; les produits fabriqués ont couru après l'acheteur hors du lieu de production, et l'échange est devenu une nécessité comme l'avait été la protection.

L'industrie de la France, dans le passé, a donc été protégée avec raison; elle est devenue aujourd'hui assez forte dans sa généralité pour qu'on lui donne la faculté de répandre au dehors ses produits. La France, d'ailleurs, était prédestinée à ce rôle; elle contient, en effet, des climats chauds et des climats froids où naissent les productions les plus diverses; elle possède un vaste territoire et des côtes admirablement situées; naturellement le Français est devenu universel comme son climat, peu à peu il a tiré parti de toutes les ressources qu'il avait sous la main, et qui se trouvent ailleurs disséminées. Que manque-t-il à ce mortel privilégié? Le bois, la vigne, le grain, le lin, la soie, la laine, l'olivier, la betterave, le bétail, il a tout, et pour mettre en œuvre ses produits naturels, le pays possède de nombreux cours d'eau, de la houille et des métaux; sans doute le Français n'est pas, dans toutes les directions, supérieur à ses voisins et il lui reste de sérieux efforts à faire de certains côtés pour les égaler ou les surpasser, mais il est, de par son génie, universel, de par les avantages exceptionnels de son territoire, dans la position la plus favorable pour tout produire et, par conséquent, pour avoir le besoin le plus pressant d'échanges.

Est-il besoin d'ajouter que dans ces délicates questions qui préoccupent à si juste titre les philosophes et les hommes d'Etat, il faut se garder d'avoir et de prétendre appliquer des théories inexorables; le libre échange et la protection sont également détestables ou pareillement féconds, selon les

temps, les lieux, le climat et les faits accidentels qui
se produisent chez les nations rivales. Il suffit de
reconnaitre que le tempérament économique de la
France est libre-échangiste, et de tendre à lui donner satisfaction.

Toutefois, il est un point sur lequel l'empire n'ad-
mettrait ni tempérament ni transaction, il ne per-
mettra jamais de taxe directe ou indirecte sur le
pain ; certains agriculteurs, il est vrai, fléchissant
sous le poids de mauvaises récoltes, inquiets de
l'importation des laines d'Australie et des viandes
sèches de l'Amérique, voyant diminuer la rente de
la terre, comme diminue la rente de tous les capitaux, mécontents du prix du blé qu'ils ne trouvent
pas suffisamment rémunérateur, certains agriculteurs se plaignent vivement et demandent avec
instance le rétablissement de l'échelle mobile. Malgré des souffrances dont la plus grande partie n'est
qu'accidentelle, mais dont il ne faut pas nier la
réalité, la libre introduction du blé en France n'est
rien moins qu'une loi de salut public ; avec elle il
n'y a plus de famine possible, les années d'abondance
et de disette ayant été réglées par Dieu lui-même,
de telle sorte que la rareté du blé sur un de nos
hémisphères correspond rigoureusement à une
année d'abondance sur l'autre.

La famine vaut la peste ; que dirait-on d'un peuple
qui, connaissant le moyen assuré de conjurer une
épidémie, frapperait d'un droit le médicament destiné à guérir ceux qui en sont atteints ? L'abolition de
la famine, ce fléau redoutable des siècles passés, est

un évènement considérable dans le monde ; toute autre considération doit s'incliner devant ce fait capital.

Les légitimistes ont une tendance très marquée vers le rétablissement de l'échelle mobile ; l'agriculture est leur cliente de prédilection ; la plupart des chefs de ce parti sont grands propriétaires, et bien qu'ils n'espèrent plus retrouver leurs anciens privilèges, ils se souviennent parfois de la belle existence menée par leurs aïeux sur leurs terres.

Les républicains n'ont pas les mêmes raisons politiques pour protéger l'agriculture, leur clientèle se trouvant plutôt dans les villes que dans les campagnes, aussi ont-ils des tendances libres-échangistes ; mais sur ce point comme sur tous les autres, ils sont pleins de mobilité, leurs tarifs de douane varient suivant les exigences des variétés de républicains qui occupent successivement le pouvoir ; quand c'est la variété orléaniste, on penche vers la protection ; quand c'est le républicain placé, c'est-à-dire l'opportuniste, on regarde les deux systèmes d'un œil également favorable, et l'on s'ingénie à ne rien décider pour ne blesser personne ; lorsqu'on a affaire aux républicains sans place, c'est-à-dire aux radicaux, ils trouvent ces questions mesquines et laissent aller les choses comme elles veulent ; si l'agriculteur se plaint, ce n'est qu'un vil paysan réactionnaire auquel on ne doit aucune consolation ; si c'est le peuple qui a faim on a recours au maximum.

Quant aux impérialistes, ils ont mille raisons électorales de ne point s'aliéner la bonne volonté des campagnes, mais ils entendent venir au secours de leur détresse, non point par la subvention de l'échelle mobile mais par un adoucissement graduel des impôts qui les frappent et par la suppression de cette barbarie économique qu'on appelle l'impôt sur les mutations entre vifs, impôt qui fait entrer dans les coffres du Trésor au bout de huit ou dix mutations la valeur intégrale de la terre.

Le penseur peut se rendre compte des fatalités qui rivent les partis à certaines théories économiques. C'est, en effet, un principe incontestable que tout établissement politique doit entourer de privilèges la classe gouvernante, ou tout au moins lui concéder de sérieuses faveurs ; hors de cette pratique, point de gouvernement possible. Les hommes contestent toujours leurs égaux, ils n'obéissent qu'à leurs supérieurs.

Les légitimistes s'appuient de préférence sur la classe des grands propriétaires terriens, ils devaient chercher à leur donner une influence prépondérante ; c'est là le secret du grand collège et du cens électoral porté à 1,000 francs, qui ont fait leur apparition sous la Restauration ; c'est encore la cause de la protection douanière qu'ils cherchent à donner à l'agriculture ; loin de faire aux partisans du droit divin un grief de cette inévitable partialité, on doit les féliciter de leur clairvoyance politique.

Les orléanistes, qui s'appuient sur la classe moyenne, avaient le devoir précis de la favoriser ; de là un goût très prononcé pour le système protecteur en général, s'appliquant sans doute à la terre par occasion, et par besoin de justice dans la faveur, mais visant plus particulièrement l'avantage et l'élévation du patron dans ses rapports avec les ouvriers.

Les impérialistes, faisant profession de s'appuyer sur tous, n'ont pas les mêmes devoirs et n'auraient pas les mêmes excuses s'ils faisaient de la protection au profit d'une classe distincte de la nation.

LE RACHAT

DES GRANDES COMPAGNIES DE CHEMINS DE FER

C'est une autre question économique d'une importance également capitale que celle du rachat des grandes Compagnies de chemins de fer.

Les républicains sont particulièrement attirés vers ce rachat que repoussent avec énergie les légitimistes et les impérialistes : les uns par bon sens et souci de l'intérêt public, les autres ajoutant à ces sentiments le regret de voir s'écrouler une des œuvres les plus belles et les plus fécondes de l'Empire.

Le prétexte du rachat, c'est l'abaissement des tarifs ; le but réellement poursuivi est double :

d'abord l'anéantissement de cet être anonyme, puissant, qu'on appelle une grande compagnie, et ensuite un nombre incalculable de places à offrir à des amis.

Comme on n'ose avouer le but, ne parlons que du prétexte; l'un ne vaut pas mieux que l'autre. Aux termes de l'art. 37 du cahier des charges qui lie l'Etat et les Compagnies, et qui prévoit le rachat anticipé, l'Etat devra payer 8 milliards aux propriétaires actuels et 1,500 millions environ pour rachat du matériel, c'est une somme ronde de 10 milliards qu'il faudra débourser.

On suppose que cette somme sera couverte par le produit de l'exploitation; c'est une erreur absolue. En effet, en 1878 les produits encaissés par les grandes Compagnies (nets d'impôts) se sont élevés à 865 millions dont il faut défalquer 444 millions pour frais d'exploitations; bénéfice final : 421 millions.

Or, il est incontestable et incontesté que l'exploitation par l'Etat est beaucoup plus coûteuse que l'exploitation par les Compagnies. La règle est sans exception; la comparaison faite cent fois entre les deux méthodes dans les pays où il existe à la fois des entreprises gérées par l'Etat et par des Compagnies libres, ne laisse aucun doute à ce sujet. D'un autre côté, on n'achète que pour offrir au public des tarifs réduits; l'exploitation nouvelle sera donc doublement plus chère que l'exploitation actuelle.

Mais il reste à savoir quelle est l'étendue des sacrifices que le Trésor va s'imposer et imposer par suite aux contribuables pour obtenir quelque modération dans les tarifs. Les chemins de fer français transportent en moyenne à 6 centimes par tonne et par kilomètre, il faudrait consentir à perdre annuellement 80 millions pour réaliser une économie de un centime, soit pour 3 centimes 240 millions ; ajoutons qu'il ne faut pas compter comme adoucissement sérieux à cette perte, le plus grand tonnage effectué à l'aide des tarifs abaissés, parce que le tonnage des marchandises n'est pas indéfiniment élastique, et qu'il faut de très longues années pour créer des courants nouveaux, des usines nouvelles, et aussi parce que, pour obtenir un million de produits, il faut avoir préalablement dépensé environ 700,000 francs en augmentation d'employés et de matériel. Deux faits récents prouvent jusqu'à la dernière évidence l'illusion de l'accroissement de recettes correspondant à la diminution des tarifs : En Amérique, certains chemins de fer ont diminué leurs taxes dans des proportions énormes, de 5 centimes à 2 centimes et demi ; le résultat de l'opération a été une diminution dans les recettes brutes. En sens inverse, les chemins de fer belges ont augmenté de 5 centimes la taxe payée pour les voyageurs, et les produits se sont élevés d'une manière correspondante à cette augmentation. Ainsi, dans un cas l'augmentation du tarif n'a pas diminué la recette, et dans l'autre la diminution du tarif n'a pas augmenté la recette.

Pour gratifier le commerce d'un abaissement de 3 centimes, il faudrait donc demander à l'impôt une ressource annuelle de 200 et quelques millions; c'est cruel mais inévitable.

Il y aurait pourtant un moyen plus simple de se passer cette ruineuse fantaisie :

L'Etat prélève sur les Compagnies, à titre d'impôts sous toutes les formes, une somme annuelle de 230 millions; qu'il les abandonne aux Compagnies et celles-ci ne feront assurément aucune difficulté de réduire de moitié leurs tarifs moyens. Si on veut réellement faire un essai, à quoi bon racheter et payer le déficit, puisque l'on peut arriver à son but sans courir le risque de désorganiser un grand service public?

Toutefois, cette débauche économique aura en France un résultat bien plus fâcheux qu'en tout autre pays d'Europe. Le législateur français, en traitant avec les Compagnies, s'est réservé, au bout de quatre-vingt-dix-neuf ans, leur entière propriété ; c'est, au minimum, 10 milliards qu'on jette littéralement à l'eau, en rachetant avant l'expiration des concessions.

La dette des Compagnies devait être éteinte par un amortissement annuel, elle a été déjà remboursée aux ayants-droit par ses soins, pendant les trente ans qui viennent de s'écouler ; mais comme il serait absurde de croire un moment que le ministère des travaux publics pourra mettre de côté chaque année une somme énorme représentant l'amortissement d'un capital de 8 à 9 milliards, pendant les soixante ans qui restent à courir, il arrivera que nos petits-fils n'auront pas cette aubaine que leur avaient préparée la sagesse et la prévoyance de nos législateurs.

Si on se rappelle, en outre, les sommes prodiguées chaque jour pour construire des *chemins de fer désastreux,* dans des contrées où ils ne rapporteront jamais de quoi les faire marcher, présentant à peu près dans le pays l'aspect d'une vaste place de fiacres qu'aucun voyageur ne fréquenterait ; si on veut bien encore faire le calcul des fonds nécessaires pour creuser partout des canaux, dont les eaux dormantes ne seront jamais troublées par le remous des bateaux ; si enfin on pense à ce qu'on pourrait faire de grand, d'inouï avec des ressources aussi colossales, par exemple : éteindre d'un coup la dette de la France ou fournir à tous les vieillards du pays une rente annuelle de 5 à 600 francs ; on sera pris d'une sorte de stupeur et bientôt d'une indignation patriotique contre ces dilapidateurs inconscients ou effrontés de la fortune publique.

Les esprits politiques avaient depuis longtemps l'instinct que la République ne respecterait pas les grandes Compagnies ; elles représentent cependant une des plus belles entreprises de la démocratie ; rien d'aristocratique ne s'est glissé dans cette conception ; ce sont de modestes capitaux qui, par leur réunion, ont formé cette industrie, le personnel qui la dirige est pris partout, et s'il y avait, à ce sujet, quelque remarque à faire, ce serait pour constater que ce personnel est, d'ancienne date déjà, très enclin à la République.

Pourquoi donc cette contradiction ? Elle vien

d'une tendance des plus anciennes et des plus caractérisées de cette forme de gouvernement. L'envie est la plaie vive des Etats démocratiques, et comme cette mauvaise conseillère n'est pas comprimée par le sentiment de discipline et de hiérarchie inhérent aux Etats monarchiques, elle se donne libre carrière, et en tout, hommes et choses, préfère le petit au grand. Devenue un personnage officiel, elle n'a pas désarmé et cherche à se venger de toute supériorité qui a offusqué sa misère passée ou qui trouble sa faiblesse présente. Les grandes choses doivent s'attendre au sort des hommes marquants; les Compagnies devaient donc être inquiétées et elles seront sacrifiées si la République dure.

L'envie commet ses folies et ses crimes au nom de l'égalité. Il y a cependant deux manières de comprendre et de satisfaire ce sentiment. Les deux plus vraies démocraties du monde, l'Eglise dans le passé, l'Empire français dans le présent, au lieu de décapiter les grands, élevaient les petits.

L'INAMOVIBILITÉ

DE LA MAGISTRATURE

Les partis monarchiques veulent conserver l'inamovibilité de la magistrature; les républicains ont sur ce point comme sur tous les autres des pratiques variées, selon l'état, plus ou moins avancé, de leur forme de gouvernement. Quand ils donnent encore à la société qu'ils dirigent quelques garanties d'ordre matériel, ils ne veulent rompre avec l'inamovibilité que temporairement, de manière à remplacer des magistrats indépendants par des magistrats dévoués.

Mais lorsque la République a roulé sur sa pente glissante, elle ne tolère plus que des juges élus; ce juge dépend naturellement de ses électeurs et, au bout d'un temps très court, devient un citoyen vénal et un magistrat ridicule. Lorsqu'il est nommé par le pouvoir, on peut lui supposer, il est vrai, une certaine bienveillance pour son supérieur hiérarchique; mais comme dans le pli même qui contient sa nomination, il trouve l'indépendance, c'est-à-dire l'inamovibilité, il reste capable de rendre des arrêts et non des services.

Il faut ajouter que l'issue des litiges quotidiens, dont il doit connaître, est manifestement indifférente au gouvernement; tandis que le plaideur étant en même temps un électeur influent du juge, la liberté d'appréciation de ce dernier courra quotidiennement de très grands risques.

Indépendamment des intérêts passagers que la République veut satisfaire, elle obéit, dans ses ressentiments contre la magistrature, à son instinct le plus vif. Elle déteste, avons-nous dit, tout ce qui est grand, et elle vient à bout des grandes Compagnies en criant au monopole; or, l'inamovibilité est pour elle un danger, parce que c'est la fonction exercée pendant de longues années par les mêmes mains, parce que c'est la durée, la tradition et par suite une grandeur.

LES RÉVOCATIONS

Un gouvernement a le droit incontestable de s'entourer d'agents politiques dévoués à sa cause, et ce droit va jusqu'à révoquer des agents non politiques ; mais en éloignant ces derniers, il court risque de désorganiser le service public, et se fait à lui-même une détestable réputation.

Les révocations ont pris, dans ces derniers temps, une allure d'épidémie ; les convoitises grandissent, les délations se multiplient, et notre pauvre gouvernement qui aime tant à se proclamer fort entre tous, confesse ainsi sa détresse avec la dernière naïveté, et démontre que le nombre de ses adhérents diminue chaque jour ; a-t-il jamais existé dans notre pays un établissement politique qui se soit cru dans l'obligation, pour trouver des adhérents, de chasser de ses places tout le personnel de l'administration française ?

Cet aveu a sans doute été pénible aux républicains modérés, mais quand la République de demain aura fait son entrée officielle sur la scène, on tirera ouvertement vanité de ces révocations, et on en reviendra à la théorie jacobine pure, à savoir que lorsque les gens ne sont pas républicains, il faut *les forcer* à le devenir.

Les légitimistes, s'ils arrivaient au pouvoir, ne satisferaient probablement que leurs rancunes politiques ; au surplus, en ces matières l'indulgence se mesure à la force. Les impérialistes, qui ne peuvent régner que par l'assentiment général du pays, se trouvant investis d'une force qui manque à leurs rivaux, pousseront comme toujours l'indulgence à ses dernières limites. Ils n'auraient pour le prouver qu'à rappeler les noms des personnages qui se sont enrôlés au service de nos empereurs.

Discrets quand ils ne sont pas au pouvoir, les impérialistes n'ont jamais rien demandé aux monarchistes et aux républicains, ils ont, par contre, ouvert les bras à d'anciens rivaux et utilisé leurs talents au profit du pays.

LE REFUGE

Mirabeau, avant de mourir, trouvant la Constitution nouvelle détestable et voyant bien que le roi n'y était plus rien, *résolut de transporter Louis XVI dans une ville de province, où il pourrait recouvrer son indépendance.*

Mais Mirabeau mourut.

**

L'aristocratie reprit son projet et décida *d'enlever le roi qui devait rencontrer dans l'Est les troupes dévouées de Bouillé; en sortant de Paris le roi semblait rentrer en France.*

Mais le tyran courut après sa victime et l'arrêta à Varennes.

Lafayette, ce Cromwel Grandisson, comme l'appelait Mirabeau dans ses jours de mauvaise humeur, ce jeune marquis, tout charmant et tout glorieux, ce révolutionnaire qui prétendait à la correction n'avait pas tardé à voir ce qui frappait les yeux de tous, et en honnête et galant homme qu'il était, *il s'offrit au roi pour le ramener au milieu de ses soldats*; le plan était sérieusement conçu, et le général disposait de troupes absolument dévouées à sa personne.

Mais le roi mal inspiré refusa cette offre.

Roland, Barbaroux, Servan le ministre de la guerre, et presque tous les Girondins, épouvantés de la marche de la Révolution, organisaient la lutte de la France contre la capitale; on avait marqué d'avance les étapes, les refuges contre la tyrannie parisienne. La Loire, l'Auvergne, les Cévennes, les Alpes, la Corse elle-même, devaient servir successivement de remparts à la République. Quelques jours après le 10 août, le ministère prit courageusement sa résolution et proposa à la convention *de se*

*retirer à Saumur pour assurer la sécurité et l'indépen-
dance des autorités représentant la souveraineté nationale.*

Mais Danton, c'est-à-dire Paris, ne le voulut pas.

***

Cependant, les Girondins menacés tentèrent un dernier effort et proposèrent à l'Assemblée le décret suivant :

ART. 1ᵉʳ. — *Les autorités parisiennes seront cassées.*

ART. 2. — *Les suppléants des députés se réuniront à Bourges et seront prêts à s'y constituer en convention, au premier avis qu'ils recevront de la dissolution de la Convention parisienne.*

Pour toute réponse, Paris envoya les auteurs du décret à l'échafaud.

***

La Convention, touchant à la fin de son existence, vota la seconde Constitution, on y lit cet article écrit pour ainsi dire sous la dictée des évènements : *Le pouvoir législatif désignera lui-même sa résidence, et pourra se transporter dans la commune où il lui plaira de siéger.*

C'était une loi sage mais imparfaite, il ne suffit pas en effet de décider qu'on siégera en province, il faut y siéger en effet: c'est bien de se pourvoir d'une capitale de refuge, mais il faut habiter ce refuge dans les temps calmes, si l'on veut qu'il soit prêt pour les jours d'orage.

***

Le 21 mars 1814, le conseil de régence était rassemblé aux Tuileries, il était composé des plus grands dignitaires de l'Etat et présidé par l'impératrice : *Le ministre de la guerre propose le départ de la femme et du fils de Napoléon vers les bords de la Loire afin de se rendre dans les provinces qui n'étaient pas envahies, d'y appeler tous les Français fidèles et courageux et de s'y faire tuer pour la patrie ; à Paris, il n'y a plus dans ces moments critiques que des révolutionnaires et non des patriotes.*

Marie-Louise partit donc avec le roi de Rome, mais où aller ? On n'avait pas préparé de refuge ; elle hésita, erra et s'enfuit.

Napoléon, revenant de l'ile d'Elbe, était arrivé jusqu'à Fontainebleau, les conseillers de Louis XVIII répétèrent comme ceux de Marie-Louise que Paris n'était pas tout, que la France restait; on pensa à la Vendée *et bientôt on abandonna tout projet de résistance parce que le refuge n'avait pas été préparé d'avance ; parce que personne ne le connaissait, parce que aucun fonctionnaire ou chef d'armée n'avait pu y courir d'avance pour y recevoir et entourer la famille royale, parce que le roy n'avait pu y donner rendez-vous par avance aux représentants de toutes les forces morales qui auraient été heureuses de défendre le trône et leur souverain.*

L'empereur frappé à Waterloo, avait déjà vu en

1814 l'inutilité d'une résistance improvisée de la France contre les arrêts de Paris, il se résigna.

***

Charles X venait d'être chassé à son tour par la révolution parisienne.

Marmont proposa, comme tant d'autres l'avaient proposé avant lui, *de s'appuyer sur la France, de ne pas céder honteusement aux caprices de Paris. D'abord il fallait quitter St-Cloud, gagner Orléans, y attendre les troupes du camp de St-Omer et de Lunéville, ainsi que le général Bourmont qui ramenait d'Afrique quelques régiments dévoués, puis avec ces forces réunies se retirer à Blois où les chambres seraient convoquées et le corps diplomatique appelé.*

Ce projet eût réussi sans aucun doute, si à Blois on avait réuni pendant les jours de paix les Chambres, l'armée et le corps diplomatique. Quand à bord d'un navire en détresse les canots de sauvetage ont été oubliés, tout l'équipage périt.

***

Le 24 février 1848, blotti dans une voiture de louage, un prince spirituel et sceptique couronné et découronné par les bourgeois parisiens, s'en allait au petit trot vers la frontière; sentant l'inutilité de toute lutte sanglante, averti par maints et illustres exemples, il était parti.

Le dévouement et le courage si touchants de la

duchesse d'Orléans n'avaient pu sauver dans ce Parlement toujours imbécile parce qu'il est toujours révolutionnaire, la couronne de son fils. Les vaillants jeunes gens qui commandaient les troupes d'Afrique n'eurent pas un moment la tentation de reconquérir le royaume de leur père. Paris n'avait-il pas parlé ?

Et ce feuillet de notre histoire qui racontait la vie modeste et troublée de la monarchie bourgeoise, fut brusquement et irrévocablement retourné.

* * *

La plume se fatigue à retracer la même catastrophe amenée par la même imprévoyance; mais puisqu'il nous reste à citer un gouvernement régulier, il faut répéter une fois de plus que Paris l'a renversé.

Les jours sombres étaient venus pour l'empire de Napoléon III : l'Impératrice Eugénie, dans ce même palais qui avait entendu tant d'anathèmes contre Paris le tyran, dans ce palais où l'on avait adressé à la France, toujours sage, mais dont on n'avait su utiliser le dévouement, des prières qu'elle ne pouvait entendre, l'Impératrice, superbe de courage et d'indignation, suppliait qu'on lui laissât un rôle actif, si périlleux qu'il pût être, mais en rapport avec les nobles émotions qui l'animaient. Ses amis consternés durent la contraindre à la fuite pour épargner à Paris un crime et à la France une honte.

* * *

Il faut enfin se rendre à l'évidence : tous les gouvernements d'origine les plus diverses ont péri en France depuis quatre-vingts ans, par la même cause. La centralisation, dont nous avons donné au monde le modèle le plus achevé, a eu pour effet de constituer une capitale révolutionnaire toute puissante ; c'est à nous de chercher le remède. Sans rien retrancher des avantages de toutes espèces dus à notre centralisation, sans changer le siège habituel du chef de l'Etat et de ses ministres, il faut trouver un refuge contre les violences parisiennes, l'habiter aux jours de paix, pour qu'il soit utile aux temps d'orage.

Ce refuge, tous les gouvernements en France l'ont indiqué.

C'est une ville centrale où délibèreront désormais nos Assemblées législatives.

Les républicains sentent instinctivement que l'atmosphère politique de la province leur serait funeste, ils ne veulent et ne peuvent vivre qu'à Paris.

Les légitimistes souhaiteraient ardemment de ne pas se confier à la capitale, mais ils ne trouveront peut-être pas dans leur gouvernement à rouages libéraux et bourgeois, la force nécessaire pour pratiquer ce qu'ils souhaitent.

Quant aux impérialistes, ils ont toutes les facilités pour accomplir cette réforme indispensable ; ils ne relèvent que de la France qui les nomme, et c'est à elle qu'ils doivent d'abord donner satisfaction ; Dieu les rappellera bientôt au pouvoir, et s'ils se montrent dédaigneux des enseignements si précis de l'histoire, si, par forfanterie, ils prétendent faire ce que personne n'a pu faire avant eux, vaincre cette capitale toute puissante, ils périront misérablement comme leurs devanciers.

La prévoyance est utile à tous, et l'orgueil est un mauvais conseiller.

Par haine de l'Empire, les légitimistes ont déserté leurs propres doctrines, le suffrage universel, le système représentatif, et les traditions religieuses de l'Église française toutes entières contenues dans le Concordat; par nécessité de situation, ils s'éloignent des tendances libres-échangistes de la France moderne; leurs habitudes parlementaires les rattachent à la loi inefficace de 1819 ; sur les questions du rachat des chemins de fer, de l'inamovibilité de la magistrature, des révocations et du refuge, ils paraissent d'accord avec le sentiment général des conservateurs.

Les républicains, par crainte de l'Empire, ont également abandonné leurs doctrines et oublié leurs promesses: le suffrage universel appliqué à l'élection du chef de l'Etat et le Concordat.

Pour trouver l'équivalent de la puissance accordée dans les monarchies au souverain, ils inclinent à transformer le régime parlementaire en convention; ils sont libres-échangistes et protectionnistes au gré des changements de ministère, et ces changements sont encore la seule cause des lois variées qu'ils appliquent à la presse politique; sur la question des chemins de fer, sur l'inamovibilité de la magistrature, sur la révocation des fonctionnaires et la nécessité d'un refuge, ils se montrent à la fois hostiles au sentiment conservateur et au sens commun.

Sur toutes ces questions capitales les impérialistes se sont toujours montrés respectueux des traditions nationales, intelligents et soucieux des intérêts des honnêtes gens.

Dans un an à peine, le pays sera appelé de nouveau à choisir ses représentants; cette élection, malgré les efforts des partis hostiles, affectera les allures d'un plébiscite, et l'électeur fera plus attention au drapeau qu'à la personne du candidat; il ne saurait en être autrement tant qu'on n'aura pas vidé par un vote direct la question de gouvernement.

Il n'y aura donc en réalité sur l'arène électorale que Monseigneur de Chambord, le prince Napoléon, et M. Gambetta; la somme des voix recueillies par les deux premiers, mise en regard de celles qui auront acclamé le troisième, décidera du sort de la République.

Paris. — Imp. Dubuisson et Cⁱᵉ, rue Coq-Héron, 5.

www.ingramcontent.com/pod-product-compliance
Lightning Source LLC
Chambersburg PA
CBHW061311060726
47596CB00003B/836